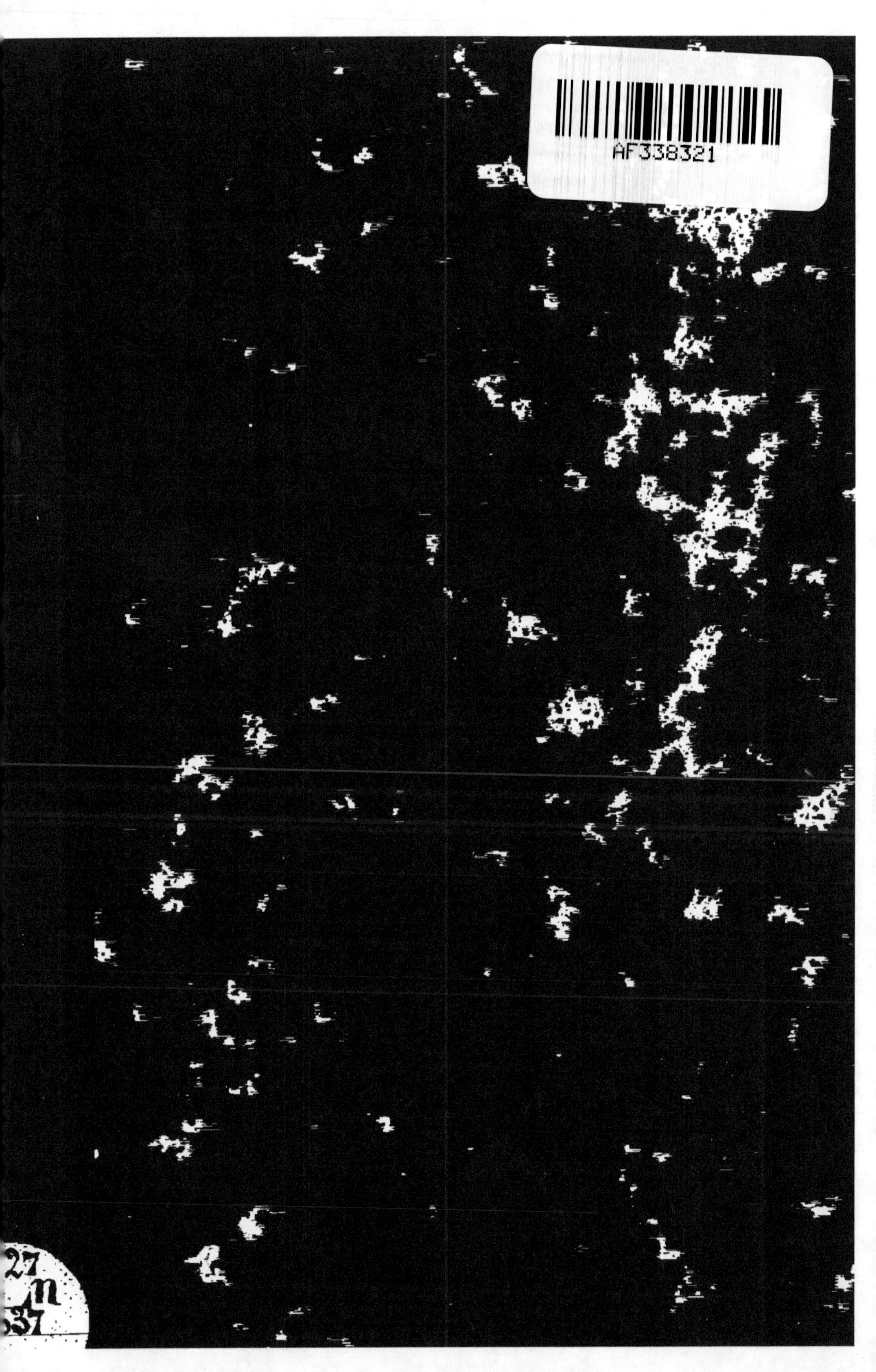
AF338321

M. JULES SIMON

OUI OU NON?

OCTAVE FÉRÉ

A

LA SOCIÉTÉ DES GENS DE LETTRES

« Je regrette de n'avoir pas su tout cela. »
(M. Jules Simon, discussion sur le Colportage.
Moniteur, 14 juillet 1868).

PARIS

E. DENTU, LIBRAIRE-ÉDITEUR

PALAIS-ROYAL, 13, ET 17, GALERIE D'ORLÉANS

1868

PRÉFACE.

Dans le numéro du *Figaro* du 12 juillet, Ferragus m'ayant attaqué personnellement à propos de la position que j'occuperais, suivant lui, auprès de la commission du colportage, voici la lettre que j'ai eu l'honneur d'adresser à M. le directeur de ce journal, pour bien établir ma position :

Monsieur,

Il y a dans toute cette affaire de la Société des gens de lettres une confusion que j'espère faire cesser par la publication prochaine d'explications très-claires.

Aujourd'hui, permettez-moi seulement de constater que, contrairement à la dernière lettre de Ferragus, je suis étranger au colportage, et que, de ma vie, je n'ai lu un livre pour ce service, qui a même refusé l'estampille successivement à treize de mes volumes.

Si je suis intervenu dans le débat, c'est que MM. Halt et Jules Simon, en dressant leur cadre des suspects, ont embrassé dans une même solidarité tous les hommes qui, membres de la Société des gens de lettres, ont l'honneur de servir l'État sous les ordres de M. le ministre de l'intérieur. Cette solidarité qu'on nous impose, nous l'acceptons tous nettement, et nous ne donnerons pas l'exemple de ces membres de la Société des gens de lettres qui veulent proscrire, le lendemain du jour où ils ont eu un livre refusé (MM. Halt et Ferragus, par exemple), ceux-là même dont, depuis vingt ans, on a accepté le denier contributif au fonds social, et que l'on a portés au comité dans plusieurs élections successives.

Ce sont tous ces faits, toutes ces distinctions, toutes ces rancunes mesquines, tous ces intérêts de boutique, que je me propose de mettre au jour dans la publication préparée par moi pour le public impartial et juste.

J'aurai l'avantage de vous offrir un des premiers exemplaires, en raison de la part importante prise par le *Figaro* dans ce conflit, et de la courtoisie de sa polémique.

Agréez, Monsieur, l'assurance de ma considération très-distinguée.

OCTAVE FÉRÉ.

Maintenant on connait les plaideurs, passons au procès.

NI OUI, NI NON.

UN PAVÉ PHILOSOPHIQUE.

Le 26 décembre 1791, Jean-Baptiste Louvet se présentait à la barre de l'Assemblée législative, et réclamait un décret de proscription contre toute une catégorie de suspects.

Jean-Baptiste Louvet était homme de lettres. Personne n'a lu, tout le monde connaît son chef-d'œuvre... Il s'appelle, — dois-je l'écrire? — il s'appelle *Faublas*.

Les purs ont toujours aimé les épurations.

Louvet a fait école.

Le 8 juin 1868, dans une réunion fraternelle présidée par un philosophe éclectique et radical, M. Jules Simon, M. Robert Halt, un romancier aussi, demandait la déportation, hors de la Société des gens de lettres, de ceux de ses confrères attachés au service de l'État, sous les ordres du ministre de l'intérieur.

M. Halt est l'auteur de deux romans.

Leur ferai-je le déshonneur de les comparer à *Faublas* pour la moralité? — Leur ferai-je l'honneur de les lui comparer pour le talent? — On m'accuserait peut-être de partialité.

Laissons le *Figaro* répondre. Voici en quels termes il parle de l'auteur et des œuvres :

En vérité, des vanités aussi fiévreuses, aussi patiemment enragées que celles-là, méritent qu'on se mette à l'aise avec elles.

M. Robert Halt est l'auteur de deux volumes, dont l'un dégage un insurmontable ennui; l'autre mérite qu'on en dise du bien, — et je l'ai fait ici même, — mais non qu'on l'écrase sous le poids de réclames et d'éloges tels que n'en ont jamais eu les *Parents pauvres* ou *Madame Bovary*.

Or, M. Robert Hall est radical comme Louvet et comme M. Jules Simon, et ne veut pas de *salariés* au sein d'une compagnie littéraire.

L'honorable et bienveillant M. Jules Simon a gracieusement souri à cette proscription des *salariés*. — Oubli de mémoire ou acte d'abnégation de sa part; car ce même mot, auquel, sous sa présidence, on donne une application si dure, l'honorable M. Jules Simon l'a, hélas! subi avant nous, et nous ne sommes pas sans fierté de nous le voir appliquer à la suite d'un écrivain de son importance, et qui, étant éclectique, c'est-à-dire pour la théorie du *choix* et des amalgames, a si bien su *choisir* le chemin qui mène à la décoration, aux honneurs, aux bons traitements, sans cesser d'être un parangon de radicalisme. Méditez, s'il vous plaît, cette courte appréciation :

Le dernier rang dans l'école éclectique appartient de droit à MM. Simon et Saisset. Ce sont là de parfaits écoliers. Chez eux, l'éclectisme est une affaire de convention, de librairie, de métier, de carrière; ils copient les paroles, les gestes, les allures du maître : ce sont les enfants gâtés de l'éclectisme. C'est avec un tact exquis que M. Cousin a choisi M. Simon pour son suppléant à la Sorbonne. M. Simon y professe depuis dix ans la philosophie éclectique, et il n'a donné aucun résultat, il n'a réveillé aucune susceptibilité, il a été d'accord avec tout le monde. Il a imprimé deux volumes d'extraits des philosophes alexandrins, ces grands ennemis des saints Pères, et pendant la lecture des deux volumes on ne surprend pas un mot hétérodoxe : l'éclectique chérit les philosophes et il chérit les saints Pères, sans effleurer le grand problème de la philosophie et du christianisme. Quand le clergé recommençait ses attaques contre l'Université, en 1842, M. Simon prenait la parole pour engager les évêques à surveiller les philosophes. Quand le socialisme engageait le combat contre l'éclectisme, M. Simon tirait l'épée pour frapper les socialistes. La révolution de février l'a rendu républicain; lui a-t-elle donné des principes?...

..... Ne nous étonnons point de voir l'éclectisme si stérile; on l'a payé pour se taire, et il s'est tu; on lui a dit de *marcher en silence*, et il a formé une BUREAUCRATIE PHILOSOPHIQUE; on lui a dit d'exposer, de compiler, de commenter, il a exposé, compilé, commenté... Ils ont été admirables de discipline, d'obéissance; ils ont formé une confrérie plus exemplaire, plus unanime que celle des Jésuites; ils ont été tous inaccessibles à la double révolution du socialisme français et de l'idéologie allemande.

Voilà un petit tableau qui ne me paraît point sorti d'une plume manchote, et qui se passerait presque de signature. Pourtant, je veux bien dire qu'il porte celle du célèbre démocrate Joseph Ferrari, dont la voix fait autorité en matière radicale, et aujourd'hui député de l'extrême gauche au Parlement italien.

Quant au livre où M. Ferrari a tracé ce portrait avec une série d'autres, M. R. Hall, disciple de M. Jules Simon, ne se doute guère quel titre il porte.

Il se nomme en toutes lettres : LES PHILOSOPHES SALARIÉS!

Allons, il paraît qu'il n'y a pas que les employés du ministère de l'intérieur.

M. Jules Simon un *philosophe salarié!* Quel lièvre avez-vous levé là, cher monsieur Robert Hall! et quel pavé!...

Mais ceci n'est qu'un détail dans le débat soulevé par la susdite motion du 8 juin. Rappelons d'abord et exposons les choses.

LES PIÈCES DU PROCÈS.

La Société des gens de lettres fut fondée, il y a une trentaine d'années, dans le but de mettre un terme à la piraterie qui s'exerçait sur les œuvres des écrivains, — spécialement des romanciers, — de fixer et de percevoir leurs droits de reproduction, et de veiller à la sauvegarde générale de leurs intérêts.

Cette association compte aujourd'hui environ six cents membres. Un cinquième se compose de sociétaires admis depuis un an ou dix-huit mois. Les membres anciens ont tenu à honneur de rallier dans cette phalange tous les jeunes talents.

En même temps qu'elle élargissait ses cadres, la Société travaillait au remaniement de ses statuts, et y introduisait des améliorations larges et généreuses.

Mais par un enchaînement de causes et d'effets qui devaient être, hélas! trop prévus — car cela est dans la nature humaine (lobe cérébral de l'ingratitude) — les nouveaux venus, et un petit groupe de ces mécontents qui existent dans toute réunion d'hommes, ont immédiatement formé dans le sein de l'association générale, dont la devise aurait pu être : Aide-toi, le ciel t'aidera! une étroite coterie qui devrait inscrire sur son blason un proverbe fameux : Ote-toi de là que je m'y mette!

Ces nouveaux venus et les anciens mécontents (section des fruits secs et des fruits acides) ont ambitionné du premier jour les honneurs de la Société, c'est-à-dire l'occupation en forces du comité directeur.

On est impatient au dix-neuvième siècle, et ces impatients se sont dit : Se faire nommer membre du comité en conquérant sans cabale, sans conspiration de parti, les suffrages d'une majorité nerveuse, délicate, voire même un peu dégoûtée, les suffrages de ses pairs et de ses rivaux, ce sera difficile.

Conquérir cette place par la force du talent, par les succès progressifs de l'œuvre accomplie, par le ressort de la réputation, du succès, de la valeur personnelle incontestable et incontestée, ce sera long !

Et pourtant être membre du comité, pour un habile, ce n'est pas seulement jouir de l'estime et de l'autorité personnelles dans sa corporation, c'est encore avoir part d'influence sur les éditeurs, surtout sur les journaux reproducteurs ; c'est avoir la main dans les traités, l'action dans les conventions générales ; c'est veiller sur son intérêt personnel à propos de l'intérêt public.

Donc soyons du comité, et le moyen le plus sûr, le plus prompt, le plus radical, c'est de faire sauter d'un seul coup tous nos anciens par une conspiration des poudres réussie.

Voilà comment et pourquoi on s'est mis à accumuler tant de fulminate et tant de nitro-glycérine dans les caves de l'association des gens de lettres.

O sainte boutique, inspire-les !

La poudre, en ces matières immatérielles et morales, s'appelle la politique.

Voyez comme cet engin d'explosion était bien choisi. La Société des gens de lettres compte dans ses rangs nombre d'esprits ardents, mêlés au mouvement des choses de l'intelligence, aux évolutions des polémiques, aux passions de l'esprit et du cœur. C'était une mèche qui, enflammée par une main habile, devait porter l'incendie dans beaucoup d'âmes convaincues et sincères ; c'était un programme propre à cacher les mauvais calculs et les basses jalousies sous un manteau d'honnêteté.

*

A ceux qu'on a trompés en les attirant dans ces croisades de la spéculation littéraire, nous dirons : Réfléchissez, regardez, jugez, pensez au but, au passé, à l'avenir de notre utile et féconde association, et ne laissez pas un groupe de brouillons venir compromettre l'œuvre de nos devanciers, œuvre si péniblement élevée, pour des questions qui ne doivent pas trouver place au milieu de nous.

Revenons au plan de campagne à présent : On a donc adopté cette batailleuse Amazone qu'on appelle la politique. On l'a élue présidente de la Société, et aussitôt, du pan de sa toge, elle a secoué la discorde.

Dès l'abord, il faut révéler le mot d'ordre : — D'une société de recouvrements financiers et d'assistance coopérative, faire sournoisement une affiliation philosophico-démocratique.

Et, tradition constante de la sentimentalité révolutionnaire, cette motion secrètement préparée a saisi pour se manifester une circonstance qui paraissait choisie pour resserrer la concorde et les sentiments d'union.

La Société n'avait eu à sa tête jusqu'à la révision de ses statuts qu'un comité, élisant lui-même parmi ses membres un dignitaire prenant le titre de *président du comité.*

L'un des articles du nouveau règlement décida au contraire qu'à l'avenir ce serait l'ensemble de la Compagnie qui choisirait son chef, et que ce chef recevrait le titre de *président de la Société.*

C'était là que les *habiles,* dont les tentatives pour entraîner la Société dans les errements politiques avaient jusqu'alors constamment échoué, attendaient les conservateurs pleins de confiance et de bonhomie.

Les conservateurs, que l'on gourmande beaucoup depuis quelque temps, ont en effet un grand défaut : ils travaillent pendant que les autres s'agitent, ils produisent pendant que les autres intriguent.

Les nôtres pourtant, avec moins de naïveté, auraient dû se tenir sur leurs gardes; car, dans la séance où fut décidée cette institution d'un président de la Société, un des promoteurs de la mesure avait mis en avant, sous une forme plus que transparente, la candidature d'une illustration qui fût devenue un drapeau écarlate, candidature étouffée aussitôt sous la protestation générale.

Les habiles eurent un moment d'effroi; — ils sentirent que l'exagération allait faire manquer le but.

Ils tenaient en réserve une candidature autrement ingénieuse, une candidature de juste milieu, qui devait d'autant plus assurer le succès qu'elle avait tout ce qu'il fallait pour endormir les inquiétudes, et au besoin faire miroiter des garanties aux yeux des conservateurs.

Cette célébrité... Mais non, M. Francisque Sarcey va vous en tracer une silhouette qui complétera la fine esquisse de Joseph Ferrari :

.... Il ne se compromettra jamais par une générosité imprudente. Personne n'enfourche avec plus de grâce que lui tous les dadas de l'humanitairerie à la mode; c'est le côté par où il est chevaleresque. Il moralise, nationalise et duruyse avec abondance, sévère ensemble et onctueux. Il a la parole copieuse et tiède; il est bénin, bénin, et déterge doucement.

Oncques ne s'est fâché qu'avec ceux qui n'avaient point de crédit, et jamais ne le vit-on faire une action, mauvaise ou bonne, qui lui fût peu utile. Gracieux à tous les partis, la droite sourit quand il parle, M. Latour-Dumoulin lui fait les yeux doux, et la gauche dodeline de la tête avec satisfaction. Il se réserve les sujets tendres, ceux qui vont au cœur des femmes. D'autres recueillent de petits orphelins, leur distribuent des soupes économiques et s'en font vingt mille livres de revenu. Il les arrose d'une bienfaisante petite pluie de phrases moites, et recueille les applaudissements de la gauche, les remercîments du château et les sympathies de ses électrices.

Il s'est fait la réputation d'un pur qui ne dévie pas de sa ligne, et jamais réputation ne fut plus juste, car il n'a d'autre ligne que son intérêt. Il la suit modestement, doucement, se coulant à travers les

broussailles des amours-propres, sans froisser personne ni s'égrati-
gner lui-même à tous les postes qui mettent en vue. Il y arrive les
yeux baissés, se plaignant qu'on lui fait violence. Mais il est trop
bon citoyen pour ne pas accepter les charges qu'on lui impose. La
démocratie a foi dans sa force ; c'est un athlète des grands principes.
Les conservateurs voient que cet athlète est frotté d'une huile odorante,
et ils espèrent en sa douceur.

Qui mieux que lui a su tenir le juste milieu? Il est roide à la fois
et souple, comme ces bâtons de caoutchouc dont le vieux répertoire
abuse au Théâtre-Français. On l'a bien vu dans les querelles qu'il a
soutenues contre l'esprit clérical. Il n'est pas de ceux qui frappent
brutalement la religion; non, il a pour elle la vénération qu'on sent
pour une vieille mère. Il lui fait sa part; mais si elle voulait pousser
plus avant, il serait là, respectueux et ferme, et il lui dirait, le
chapeau à la main et avec des larmes dans la voix : Tu n'iras pas
plus loin.

C'est un plaisir que de l'entendre parler. Les phrases coulent de
sa bouche comme une eau parfumée s'écoule de la baignoire, avec un
bruit monotone qui caresse harmonieusement et invite à la rêverie. Il
a fini, il s'arrête; on l'écoute encore. Qu'a-t-il dit? on n'en sait rien.
La phrase molle et fluide vous a enveloppé de ses replis et s'est
enfuie sans laisser de traces. Il possède à fond ce grand art des ora-
teurs parlementaires qui est de répandre abondamment et avec un air
de conviction un flot de pensées communes dont l'expression est
insignifiante. Victor Cousin, son maître ès abstractions et généralisa-
tions soi-disant philosophiques, lui avait appris ce secret, qu'il a
porté à son plus haut point de perfection.

(Gaulois du 10 juillet.)

M. Jules Simon fut élu.

Désormais la politique avait sa place au sein — à la tête
— de la Société des gens de lettres.

Le vote avait été enlevé d'enthousiasme, et l'on s'entendit
pour faire concorder l'installation du nouveau — du PRE-
MIER président — avec le banquet où se réunissent tous les
mois les sociétaires.

Ce banquet eut donc lieu le 8 juin, et vit surgir de tels
incidents, que n'ayant pu y assister et en juger par moi-

même, je crus devoir m'en enquérir auprès du comité par la lettre suivante :

Paris, 22 juin 1868.

Messieurs et chers confrères,

Je me proposais d'assister avec vous au banquet, pour lequel j'avais reçu la convocation ordinaire, et où je comptais acclamer aussi l'installation de notre nouveau et illustre président. Une absence motivée par un deuil de famille m'a privé de cette joie.

A mon retour j'ai voulu savoir du moins comment la fête s'était passée et jouir des détails de la cordialité qui y avait présidé.

J'ai ouvert les journaux :

Le *Siècle*, le premier, m'a répondu. Voici ce qu'il m'a appris :

..... M. Robert Halt porte à son tour un toast à l'accroissement de la considération et de la dignité de la Société des gens de lettres. Chemin faisant, il signale un fait attentatoire à cette considération et à cette dignité : c'est que les censeurs officiels, salariés par le gouvernement, soit auprès du ministère de l'intérieur, soit auprès de la commission de colportage, sont membres de la Société des gens de lettres.

C'est là en effet une situation intolérable pour eux comme pour la Société. On ne peut à la fois servir Dieu et le diable; il faut opter.

Que le lieu ait été bien ou mal choisi par M. Robert Halt pour soulever cette question, c'est de peu d'importance. L'honorable M. Jules Simon, président de la Société, a été de l'avis de M. Robert Halt, sur l'incompatibilité absolue qui existe entre la qualité de membre de la Société des gens de lettres et celle de censeur aux gages du gouvernement. Cela ne nous surprend point.

La question est posée maintenant; il faut qu'elle soit résolue, et nous pensons qu'elle le sera par la retraite spontanée et la démission volontaire de MM. les Censeurs.

Je suis un enfant de la presse et du journalisme. Je professe pour ces deux institutions une considération naïve peut-être, mais excusable, car je leur dois le peu que je suis.

Cependant, je sais aussi que les journaux, même quand ils sont dirigés par des hommes éminents et intègres comme MM. Havin et Guéroult, peuvent, ne fût-ce que dans la rapidité de leur fabrication, être induits en erreur.

Je fus ému de l'article du *Siècle*, car j'appartiens à un degré fort modeste, mais enfin j'appartiens à la catégorie des salariés attachés au ministère de l'intérieur. Je fais partie du bureau de la presse, je suis un de ces membres qui seraient — d'après ce journal — un obstacle au développement de la dignité et de la considération de notre Société.

Or, Messieurs, au-dessus même du prix que j'attache à l'opinion des journaux, il en est une beaucoup plus chère pour moi, c'est la vôtre, à vous mes pairs, mes amis, mes collaborateurs.

Que l'un de nos confrères, dans un moment de mauvaise humeur, se soit laissé emporter en une sortie que sa loyauté regrette déjà, j'en suis sûr, ou regrettera quand il aura réfléchi à sa portée, c'est déjà une chose pénible. Elle pouvait entraîner des suites à jamais déplorables, et que je n'ai pas besoin d'évoquer ici, si le hasard, qui, une fois par exception, a fait preuve de tact, eût permis qu'aucun des sociétaires si étrangement pris à partie eût été présent, que moi-même je me fusse rendu à l'appel que j'avais reçu sous une apparence cordiale et sympathique.

Mais que notre illustre président, l'orateur hors ligne, si parfaitement maître de sa parole, en qui nous sommes habitués à ne voir qu'un apôtre de la bienveillance, de la fraternité et de l'union universelles, que M. Jules Simon se soit associé à cette motion de suspicion et d'ostracisme, qu'il ait même, dans des paroles en apparence atténuantes, mais au fond aggravantes, laissé entendre que son opinion personnelle était conforme à celle de l'orateur, voilà ce que je n'ai pas voulu croire, voilà ce que je ne crois pas encore.

Cependant, Messieurs et chers confrères, j'ai attendu un jour, deux jours, huit jours, une rectification, une explication.

Aucune n'est apparue ; et le mal n'a fait que s'accroître ; après le *Siècle*, c'est l'*Opinion nationale*, puis dix autres qui sont venus brocher sur ce grave incident, et Dieu sait en quels termes et dans quelles intentions !

Vous le comprendrez, si longue et j'ose dire si méritoire qu'ait été mon attente, elle ne saurait se prolonger.

J'ai été mis en cause inopinément, brusquement, dans une réunion où j'avais été invité, sans préméditation, j'en suis certain, — LES GUET-APENS NE SONT PAS DANS NOS MŒURS, — mais enfin la chose a eu lieu.

J'ai droit à une explication claire, immédiate et surtout catégorique.

Je ne l'exige pas — non ! — je l'attends de votre loyauté et de notre vieille amitié.

M. Jules Simon divise-t-il les membres de la Société qui l'a mis à sa tête en catégories, et dans ces catégories en est-il une qu'à un degré quelconque il ait laissé entendre tenir en suspicion ?

S'il est possible que cela soit, il a un devoir encore, c'est de ne pas se borner à adhérer aux récriminations vagues et générales d'un sociétaire mécontent ; c'est un procédé révolutionnaire que celui de la loi des suspects, et nous faisons profession de concorde et d'assistance mutuelles.

L'équivoque aurait ici un caractère que je ne qualifierai point.

La réponse doit être publique, comme l'outrage semble l'avoir été.

Cette réponse, je l'attends en pleine confiance, parce que depuis vingt ans tout à l'heure que je me fais gloire de marcher dans vos rangs, j'ai l'orgueil d'en avoir été l'un des membres les plus actifs et comme vous des plus irréprochables.

Voilà, Messieurs et chers confrères, ce que j'avais à vous dire ; insister serait vous faire injure ; votre délicatesse, votre dévouement à l'honneur de notre Société, vous l'ont fait sentir.

Et je vous prie de ne pas douter de mes sentiments de parfaite cordialité.

OCTAVE FÉRÉ.

Je m'attendais, et l'on conviendra que j'avais droit de m'attendre, à une réponse, et telle que je la sollicitais, c'est-à-dire franche et prompte. Mais personne ne donnant signe de vie, j'insistai auprès du délégué du comité.

Il me répondit par l'invitation d'aller m'expliquer avec M. Jules Simon, que je trouverais chez lui tous les matins.

Voici, au surplus, cette réponse ; elle est de mon vieil ami Emmanuel Gonzalès :

Paris, 24 juin.

Mon cher ami, vous n'avez pas écrit au comité une lettre, mais une circulaire, expédiée à la même heure aux journaux et reproduite par plusieurs feuilles politiques.

De plus, vous n'avez pas écrit au président, qui seul avait qualité pour répondre à une observation toute personnelle.

Vous n'avez pas causé avec lui de cette affaire, et il n'a connu votre message que par les journaux [1].

---

[1] Absolument comme j'avais connu les incidents du banquet. O. F.

Le comité avait dû ajourner toute réponse en l'absence du président.

Voilà les faits jusqu'à ce jour. Soyez assez bon pour passer rue Geoffroy-Marie, ou chez M. Jules Simon, 10, place de la Madeleine, vers huit heures du matin, et vous recevrez toutes autres explications.

Une note relative à cet incident paraîtra probablement dans la *Chronique* et les journaux, mais ce n'est pas encore chose décidée [1].

Je vous serre affectueusement la main, etc.

Emmanuel Gonzalès.

L'offre me parut bizarre, si bizarre, que je ne crus pas devoir en profiter, quel que fût mon désir d'entrer en relations personnelles avec un homme pour lequel je fais profession d'une admiration bien sentie.

Je ripostai donc par la nouvelle lettre que voici :

6 juillet 1868.

Messieurs et chers confrères,

J'ai eu l'honneur de vous adresser, le 22 juin dernier, une lettre dans laquelle je vous exprimais l'étonnement pénible que m'avaient causé les détails recueillis par un certain nombre de journaux sur les incidents du banquet d'inauguration de la présidence de l'honorable M. Jules Simon.

Intéressé personnellement dans les paroles très-graves attribuées au président de notre Société, je me suis cru et me crois autorisé à savoir d'une manière exacte ce qui a eu lieu, et si ces paroles ont été réellement prononcées.

Je dois dire que l'on m'a fait une proposition d'explications intimes et à huis clos, ce qui m'a paru non-seulement insuffisant, mais contraire à votre dignité comme à la mienne; alors on m'a fait espérer que cette explication me serait donnée de la seule manière acceptable, c'est-à-dire par une note destinée à recevoir la même publicité que les faits qui ont motivé ma lettre. Ne voyant rien venir, je pensais que du moins la Chronique mensuelle contiendrait un mot sur cet objet, — mais la Chronique est absolument muette.

Permettez-moi d'être surpris de ce silence, et d'invoquer encore

---

[1] Je le crois bien, il aurait fallu dire oui ou non! O. F.

une fois votre loyauté et nos sentiments d'union et d'amitié pour obtenir une explication.

Je la réclame simple et catégorique : M Jules Simon, appelé à la tête de la Société des gens de lettres, fait-il, oui ou non, d'une manière quelconque, adhésion à une motion de proscription formulée contre un nombre considérable de ses confrères, dans une réunion présidée par lui, et mérite-t-il les compliments qu'il a reçus à ce propos de la part de quelques journaux ?

Tout est là ; et je ne veux pas supposer un seul instant qu'un homme aussi sage et aussi considérable que M. Jules Simon se soit mis dans une position telle qu'il ait besoin de recourir, en une circonstance si délicate, à une fin de non-recevoir ou à un silence systématique.

C'est à vous, Messieurs et chers confrères, à vous qui êtes nos représentants directs, que je m'adresse encore aujourd'hui, et je saisis cette occasion pour vous renouveler l'assurance de mes sentiments de sincère confraternité.

Octave Féré.

Décidément, je n'ai point à ma disposition la lyre d'Orphée et ne possède pas le don de donner l'ouïe aux sourds ni le mouvement aux pierres.

Cette seconde supplique n'a obtenu que le renouvellement de la bizarre proposition, à laquelle elle répondait précisément.

Voici ce nouveau texte :

Paris, le 8 juillet.

Mon cher ami, je me suis empressé de communiquer votre nouvelle lettre au comité.

Je suis chargé de vous prier de tenir compte de ma réponse précédente.

Veuillez voir notre honorable président M. J. Simon, qui vous donnera les explications que vous demandez.

Emmanuel Gonzalès.

Ce ne sont cependant pas les sollicitations qui ont manqué au comité ni à M. Jules Simon. Ainsi, l'un des journaux qui ont traité la question avec le plus d'énergie et de franchise, l'*Avenir national*, disait le 26 juin :

Il est à présumer que cette explication ne sera point refusée à M. Octave Féré, d'autant plus que rien ne s'oppose à ce qu'on la lui donne franche et loyale, car ni l'honorabilité de M. Féré ni celle de ses collègues du bureau de la presse n'est en cause. La question s'agite hors d'eux et au-dessus d'eux.

En même temps, Paul de Cassagnac, le rude polémiste du *Pays*, disait avec cette netteté d'allures qui le distingue :

Voyons, Monsieur Jules Simon, plus d'ambages, plus d'hésitation, plus de faux-fuyants, plus de reculade, et dites-nous si ce que le *Siècle* a dit est vrai, et si vous avez approuvé la motion dont il est question.

Il ne s'agit pas de ménager la chèvre et le chou, d'être avec la droite et la gauche ; il s'agit de parler franc, de prendre un parti et d'avoir enfin une opinion....

Nous sommons cette fois-ci M. Jules Simon de nous dire s'il veut s'associer à cet ostracisme des hommes du gouvernement qui font partie de la Société des gens de lettres.

Préside-t-il une société commerciale ou un club ? Nous désirons le savoir.

Un club ?

Je pourrais citer encore le *Journal de Paris*, l'*Événement*, l'*Éclair*, la *Vogue*, le *Monde artiste*, dix autres, et, chose caractéristique, le *Figaro* lui-même !

Cependant, il restait une occasion suprême, exceptionnelle et providentielle, à notre illustre président, pour sortir de ses nuages et prouver qu'il sait au besoin affirmer une opinion.

Je m'y attendais si bien, qu'ayant préparé ces notes pour les soumettre à mes confrères et au public, j'en ai arrêté l'impression, cette attitude espérée de M. Jules Simon étant de nature à modifier mes impressions et mes appréciations.

Il s'agissait de la discussion du colportage au Corps législatif.

Hélas! il était écrit que cette campagne ne serait qu'une série d'échecs pour l'orateur que l'élasticité de son talent avait jusque-là si souvent servi avec bonheur.

Son discours n'a pas même dégagé sa position dans le scabreux débat qui nous occupe, et n'a abouti qu'à démontrer comment avec un parti pris d'attaque on arrive à la tribune sans connaître le premier mot ni le premier chiffre des questions où l'on est personnellement engagé, et comment on travaille à rendre plus facile et plus écrasante l'argumentation des esprits nets, logiques et pratiques.

Me trouvant donc après cet incident aussi peu renseigné que je l'étais la veille, renonçant à rien obtenir du comité, dont j'apprécie d'ailleurs l'esprit de déférence pour un chef éminent, je prends aujourd'hui le parti de m'adresser personnellement à celui-ci.

Seulement, ce ne sera pas, s'il le veut bien, chez lui, dans un discret tête-à-tête, ce sera dans un entretien auquel je réclame la liberté d'initier le public, puisque, avec beaucoup moins de façons encore, on a cru devoir l'initier à l'attaque.

NI OUI, NI NON,

DIALOGUE A UNE VOIX.

La scène représente un vaste cabinet de travail entouré de corps de bibliothèque. Ameublement sévère en cuir grenat. Pendule rocaille, bronzes d'art; de chaque côté de la cheminée, des girandoles. Les meubles sont encombrés de brochures multicolores et de journaux de toutes nuances. Sous le bureau, des masses d'enveloppes déchirées de toutes tailles; partout des amas de papiers, les indices d'un travail d'esprit et d'une correspondance encyclopédique et cyclopéenne. Devant un bureau à cylindre est assis un homme de haute taille en jaquette de toile grise, occupé à corriger les épreuves de la dernière édition de la *Politique radicale*. Légère obésité, front dégarni par la tonsure de la pensée. Des mains grasses et blanches comme celles d'un prélat. Voix plus blanche et plus douce encore. Grande douceur d'accueil. Suavité générale.

Intrat Octave Féré.

Échange de salutations.

M. Jules Simon rabat le cylindre de son bureau, indique d'un geste semi-gracieux, semi-sévère, un fauteuil à son visiteur, et s'assied lui-même en face de lui.

MOI.

Monsieur et illustre président, voici tout à l'heure vingt ans que, grâce au patronage de Méry et de Molé-Gentilhomme, j'ai été admis à l'unanimité dans la Société des gens de lettres.

A ce titre, je me proposais, comme je l'ai expliqué dans mes lettres au comité, de fêter votre bienvenue à la tête de cette compagnie. Ces mêmes lettres expliquent aussi ce qui m'en a empêché et les choses étonnantes qui s'en sont suivies, — entre lesquelles la plus étonnante est votre silence.

Il est un proverbe un peu vulgaire, mais passé en loi :
« Qui ne dit mot consent. »

Force m'est bien de l'appliquer aux circonstances pré-
sentes, et j'en suis profondément marri.

M. JULES SIMON étend doucement la main vers la tablette de la cheminée
et prend un couteau à papier en ivoire finement sculpté (style composite).

?

MOI.

Le *Siècle*, qui paraît avoir rempli en cette occasion le
rôle de *Moniteur*, puisqu'il a parlé le premier, n'a encouru
aucun démenti, et a servi d'éclaireur aux autres journaux ;
le *Siècle* est bonhomme au fond et plein de tolérance.

Il déclare placidement qu'il juge de peu d'importance de
savoir si, oui ou non, le lieu a été bien ou mal choisi
pour soulever la question de l'indignité ou de l'incompétence
d'une partie des membres de la Société.

Tout ce qu'il importe à cette excellente feuille, c'est que
ladite question ait été posée ; et elle se réjouit surtout à
l'idée « de la retraite spontanée et de la démission volontaire
de *messieurs les censeurs*. »

Mon Dieu, je n'aime pas à épiloguer sur les mots, et pour
ne pas me montrer de moins bonne composition, je ne m'ar-
rêterai pas à rappeler ce que ce journal, dirigé par un homme
qui est un législateur éminent, comme vous, sait avec tout
le monde, ce qui a été proclamé en votre présence au Corps
législatif, c'est qu'il n'existe aucune espèce de censure ni
au bureau de la presse ni au bureau du colportage.

M. JULES SIMON.

?

MOI.

Soit ! je passe l'épithète de *censeurs* à M. Havin ; je pousse
la générosité plus loin, je la passe au sociétaire qui l'a pro-
noncée dans le fameux banquet. — Au *Siècle*, parce qu'il a
besoin d'entretenir le feu sacré chez ses milliers de lecteurs ;
— à l'orateur du banquet, parce qu'il se trouve dans la po-

sition digne d'égards du condamné à qui on laisse un répit pour maudire ses juges.

Il venait, comme le dit avec sa plume incisive Francisque Sarcey, d'avoir deux volumes BLACKBOULÉS par la commission du colportage.

Mais expliquons-nous clairement une bonne fois ; — entre *salariés*, cela ne doit pas être si difficile !

M. JULES SIMON prend un timbre-poste dans une boîte, le colle sur une lettre, sonne un domestique et lui remet la lettre.

?

MOI.

Le promoteur de l'ostracisme a demandé la proscription « des censeurs officiels salariés par le gouvernement, soit auprès du ministère de l'intérieur, soit auprès de la commission du colportage. » Soit, a-t-on ajouté, même au ministère des beaux-arts ; j'ai même entendu murmurer le nom du ministère de l'instruction publique.

Vous comprenez bien que si je passe le mot de *censeurs* à ce digne M. Havin, je ne peux pousser plus loin la concession. Il faut absolument que j'établisse que le service de la presse au ministère de l'intérieur ne renferme pas trace d'un emploi analogue, et que les bureaux que l'on s'amuse à présenter comme un antre ténébreux où se confectionnent les actes les plus noirs, n'exercent à aucun degré une action préventive sur quelque journal, livre ou publication que ce soit.

Ils sont consacrés à des services administratifs et à la lecture, à la traduction des journaux qui se publient dans tous les pays du monde ; ils font de toutes ces lectures, de toutes ces études, des résumés parfaitement impartiaux, — sans cela ils n'auraient pas de raison d'être, — et reproduisent ainsi sous une forme analytique la physionomie de la presse, dont, sans cette organisation toujours en éveil et toujours à l'œuvre, aucun ministre ne saurait avoir une idée, y consacrât-il tous ses instants.

Les nombreux représentants de la presse parisienne qui viennent puiser eux-mêmes à ce travail des renseignements qu'on ne leur refuse jamais, à quelque parti qu'ils appartiennent, — de même que ceux qui se sont trouvés pour une affaire quelconque en rapport avec les bureaux dont il s'agit, peuvent dire s'ils y ont rencontré l'apparence d'une entrave ou le soupçon d'une de ces mesures *préventives* qui justifiaient naguère ce mot parfaitement précis de *censure*.

M. JULES SIMON.

? ?

MOI.

Qu'est-ce, en effet, que la censure? Je viens de vous l'indiquer : c'est une mesure dont le caractère absolu, déterminé, est d'être *préventive;* c'est une action gouvernementale qui interdit la publication d'une œuvre quelconque avant son apparition, qui soumet à un examen la pensée écrite, et ne lui permet de se produire qu'avec une autorisation.

Il faut bien que vous le sachiez, car on a fait depuis quelque temps un singulier abus des mots. Il n'existe de censure en France ni pour la presse, ni pour les livres, ni pour aucun imprimé, de quelque ordre que ce soit.

Le gouvernement n'exerce aucun droit préventif qui puisse interdire à un écrivain de publier sa pensée. Aucune œuvre n'est soumise à une lecture préalable soit en manuscrit, soit en épreuves, avant d'avoir été imprimée ou d'avoir été mise en vente. La publicité proprement dite est absolument, pleinement et complétement libre.

L'action du gouvernement ne s'exerce que sous une forme répressive, et cette répression même, depuis la loi du 11 mai 1868, est confiée entièrement aux tribunaux, à la magistrature.

Quant au colportage, que je n'ai pas mission de défendre, puisque je n'en fais point partie, ce n'est, vous le savez,

Monsieur, qu'une limitation apportée à la circulation d'un journal ou d'un livre par la balle du colporteur ou sur la voie publique. Rien de plus, rien de moins.

Rayez donc de votre vocabulaire ce mot de censure, — ce mot de censeurs; — ces mots sont une anomalie, une réminiscence d'un passé disparu, une flagrante contre-vérité.

Cela établi, retournons nous asseoir d'abord au banquet du 8 juin.

M. JULES SIMON se mouche.

? ? ?

MOI.

Qu'il y ait du bruit dans le Landerneau auquel nous appartenons, vous au point le plus élevé, moi au rang le plus effacé, cela fait les affaires des journaux; c'est pour eux, employons entre nous le langage du métier, c'est pour eux de la bonne copie. M. le législateur Havin, qui croit de très-bonne foi affirmer les immortels principes de 89 en entretenant ses comptoirs de lecture dans la conviction que la presse gémit sous le joug d'une censure, M. Havin y trouve son encaisse; n'affligeons pas les derniers jours du patriarche en lui ôtant son auréole de martyr en doublé d'or.

M. JULES SIMON dissimule un sourire d'approbation.

? ? ? ?

MOI. Une pause, et je reprends.

Mais vous, le promoteur de la politique libéro-radicale, vous qui connaissez bien le fond des choses imprimées, car vous avez encore aux doigts l'encre du *Journal pour tous* et de la librairie Hachette, avez-vous le droit d'agir de même? Avez-vous calculé les conséquences de la motion que vous avez laissé soulever, qui vous a mérité les félicitations d'une presse idolâtre, sans que votre modestie ait pris soin d'y mettre une sourdine?

M. JULES SIMON.

? ? ? ? ?

MOI.

Par malheur, la réaction n'a point tardé, et la réflexion arrivant, le ciel de l'apothéose s'est bien promptement rembruni; après les idolâtres sont venus les iconoclastes.

M. Jules Simon lève les yeux au ciel.

On a trouvé que je n'avais pas tout à fait tort de signaler comme un peu inusitée cette façon d'inviter les gens à dîner pour leur déclarer au dessert, après qu'ils avaient payé leur écot, que leur présence était attentatoire à la considération et à la dignité de la Société.

Nouvelle pause plus accentuée.

M. JULES SIMON.

? ? ? ? ? ?

MOI.

Quoi! Monsieur, vous êtes nommé président d'une société purement littéraire, dont l'honneur éternel sera précisément d'avoir pu, dans cette république sereine de l'esprit, rallier depuis trente ans, à travers les bouleversements sociaux, les révolutions, les catastrophes, tous les talents, toutes les illustrations, toutes les gloires de la France : sur ce seuil, jusque dans ces derniers jours, chacun, en entrant, se faisait une joie de déposer ses armes, ses passions politiques, ses antagonismes de culte; c'était la trêve des lettres.

Nous n'en avons pas assez en France de ces terrains bénis, de ces maisons de paix et de concorde, où l'on puisse se rapprocher, s'apprécier, s'unir. Laissez-nous au moins encore celle-là!

Non! vous ne voudrez pas, Monsieur, qu'un pareil souvenir s'attache à votre nom.

Vos électeurs littéraires vous ont accueilli sans arrière-pensée. Car, vous le savez, la majorité, — la grande majorité, — des membres de notre compagnie se fait honneur du vrai libéralisme. Elle n'a vu dans un président de la Société des gens de lettres que le génie de l'écrivain et l'intérêt des lettres mêmes. Pouvait-elle supposer que vous veniez pour faire œuvre de politique féodale, avec droit de haute et basse justice et de proscription, en vertu de la loi des suspects?

Non, cela ne sera point, n'est-ce pas? On vous entraîne, on vous emporte dans une voie où l'on ne fait rien à demi. Et dans quelle voie, grands dieux!...

Dans une voie où à la proscription et à la flétrissure on ajoute la confiscation.

La confiscation!

Intrat le domestique portant un volumineux courrier sur un plateau d'argent. M. Jules Simon, qui, depuis quelques instants, donnait des signes manifestes d'anxiété, paraît éprouver un soulagement réel.

Exit le domestique.

Silence prolongé, pendant lequel M. Jules Simon tourne et retourne ses lettres.

MOI, après m'être essuyé le front.

Nous y voilà venus à ce but décisif, à cet endroit sensible.

Eh bien, puisqu'on nous y réduit, ouvrons notre bourse et comptons :

Voilà une Société où je suis entré, il y a vingt ans, en versant une mise de fonds (triple alors de ce qu'elle est aujourd'hui), à laquelle j'ai scrupuleusement payé chaque année ma cotisation; — qui depuis vingt ans prélève sur le produit de mes œuvres, au profit de la caisse et du fonds social, une retenue que pendant des années nous avons vue s'élever jusqu'à *soixante pour cent*, — et notez ce point, je suis au nombre de la vingtaine, mettons de la trentaine, des sociétaires les plus reproduits, sur environ six cents; — tout d'un coup, sans qu'il soit rien survenu de particulier, sans que nul puisse invoquer contre moi l'ombre d'un grief, l'apparence d'un fait répréhensible, on aurait la faculté de m'exclure, de me dépouiller de mon droit à la caisse des secours et de la vieillesse, — droit auquel nul de nous ne saurait dire, hélas! qu'il ne sera pas forcé de recourir, — caisse à l'établissement de laquelle j'ai contribué au quincentuple de vous, Monsieur, dont les œuvres n'appartiennent guère au domaine de la reproduction, en raison même de leur grand caractère.

Échange de saluts.

Pause énorme.

M. JULES SIMON.

? ? ? ? ? ? ? ? ? ? ? ? ? ? ? ?
? ? ? ? ? ? ? ? ? ? ? ? ? ? ? ?

MOI.

Voilà le bilan de l'affaire! Nous revenons au point de départ : prendre notre place, c'était bien; garder notre argent, c'est mieux!...

Non, Monsieur Jules Simon, ceci n'est point de la liberté. Vous le voyez bien, c'est ce que j'ai dit :

De l'outrage d'abord !

De la proscription ensuite !

De la confiscation enfin !

Je me lève. Nouveau salut. et je sors.

CONCLUSION.

Heureusement, il y a des lois en France, des lois qui sanctionnent la parole signée. Derrière les hommes il y a des statuts ; derrière les statuts, il y a la justice. Le premier feu passé, on s'est aperçu qu'on ne toucherait pas sans danger au pacte social ; on a vu qu'une immense majorité d'hommes de toutes les opinions ne se feraient pas les complices d'une infime coterie et d'une conspiration de basse imprimerie. Alors on a voulu tourner la difficulté, et, au nom de la dignité des lettres, trouver un *biais indigne*.

Nous quitterons la parole encore une fois ; nous la laisserons à un des membres mêmes du comité, l'un des anciens de la Société, à notre honorable confrère et ami Gourdon de Genouillac. Voici ce qu'on lisait sous sa signature, il y a quelques jours, dans le *Monde artiste :*

Parmi ceux de nos confrères qui demandent qu'à l'avenir les écrivains exerçant, de par leur fonction administrative, un droit quelconque de contrôle sur les ouvrages de l'esprit, ne puissent être admis dans la Société des gens de lettres, il en est qui vont plus loin et rêvent une exclusion immédiate de ceux-là qui sont aujourd'hui membres de la Société.

En vérité, la prétention est singulière ; mais il paraît qu'on s'habitue depuis quelque temps à ne considérer les engagements contractés librement que comme un lien factice dont on est toujours libre de se débarrasser quand il nous gêne.

Les compositeurs de musique sont mécontents d'avoir pour associés les éditeurs.

Il n'y a qu'un moyen de s'affranchir de cet accouplement : qu'on jette les éditeurs dehors.

Les gens de lettres ne veulent plus reconnaître tels d'entre eux pour confrères.... qu'on les mette à la porte.

En vérité, le procédé est simple, mais il me paraît quelque peu sans gêne.

Et un des plus chauds partisans de l'idée de non-admission (M. Wolff) pour l'avenir écrivait dans le *Figaro*, il y a quelques jours, avec raison :

« Rien de plus naturel que de les exclure à l'avenir.

» Modifiez les statuts dans ce sens héroïque ! Soit ; mais comment frapper les associés librement acceptés ? Ils ont été présentés régulièrement ; on a fait un rapport sur leur candidature ; ils sont couverts par un vote. Quelques-uns même, si je ne me trompe, ont été ensuite élus membres du comité. Ils ont payé leurs droits d'entrée, leur cotisation annuelle ; ils ont subi une retenue sur le prix de leurs reproductions ; ils ont très-positivement leur part de propriété dans le fonds social. Ils peuvent y renoncer ; on ne peut les en dépouiller. »

Cela est bien ; mais, entre nous, je crois que cette distinction ne trompe personne, car si un vote de l'assemblée générale future prononçait l'exclusion pour l'avenir, il s'ensuivrait que les membres dont on désire l'exclusion immédiate se trouveraient dans une situation des plus pénibles, car enfin on pourrait leur dire ceci :

« Messieurs, nous venons de voter que les fonctions que vous exercez rendent indignes ceux qui les exercent d'être considérés comme nos confrères.

» Nous avons aussi voté que quiconque faisant partie de la Société des gens de lettres accepterait la fonction incriminée, serait considéré comme démissionnaire.

» Il est donc bien certain que si vous ne faisiez pas à cette heure partie de notre Société, vous n'y pourriez pas entrer.

» Que si, en en faisant partie, vous acceptiez les fonctions en question, vous seriez tenu de donner immédiatement votre démission.

» Que vous êtes donc bien et dûment indigne d'y rester davantage, mais que cependant, comme le vote ne peut avoir d'effet rétroactif, vous pouvez continuer à demeurer parmi nous. »

Est-il possible qu'un seul de nos confrères puisse consentir à accepter cette position de brebis galeuse ?

Voilà le procédé ; vous frappez par derrière.

Sentir que c'est jouer gros jeu que de vouloir nous exclure par la violence ouverte, — tâcher de gagner la partie sans rien risquer; abandonner la dignité des lettres pour mettre notre dignité personnelle en péril, — et ne pas douter que ces déshonorés auront assez d'honneur pour ne pas accepter une situation douteuse.

Grand merci, Messieurs, de cet hommage rendu à nos sentiments personnels.

Vous ne croyez pas que nous hésitions un instant entre nos intérêts, entre nos droits acquis et une position équivoque; et vous hésitez, vous, que dis-je, vous n'osez pas risquer vos intérêts dans une violation flagrante des statuts! — Que sur cet aveu implicite, que sur cet hommage inconscient de nos adversaires, le public compare entre les hommes.

Et quand je dis le public, je me trompe; — c'est à la Société des gens de lettres elle-même que j'en appelle. Il y a vingt ans que je vis au milieu de mes confrères, vingt ans que je les connais, que je les pratique, vingt ans que je marche avec cette majorité qui a créé notre association et qui lui a fait porter ces fruits dont veulent s'emparer aujourd'hui quelques nouveaux venus.

Que nos arrière-neveux nous doivent cet ombrage, soit, mais qu'ils commencent par nous laisser mourir dessous.

Nous avons tous apporté un peu de terre pour le faire grandir et prospérer; nous ne voulons pas qu'on y porte la cognée.....

C'est sur la majorité que nous comptons, sur cette majorité qui vous a nommé, monsieur Jules Simon ; c'est elle qui maintiendra nos droits, qui s'opposera à des mesures iniques, et qui sauvegardera notre Compagnie d'un écueil où seraient engloutis d'autres intérêts que les nôtres.

Voilà, Monsieur et illustre président, ce que j'avais à vous dire, afin que vous ne puissiez pas me répondre,

comme vous avez répondu à M. le ministre de l'intérieur,
dans une discussion récente et fameuse :

« Si je l'avais su...... »
Vous savez !

FIN.

PARIS. TYPOGRAPHIE DE HENRI PLON, IMPRIMEUR DE L'EMPEREUR, RUE GARANCIÈRE, 8.

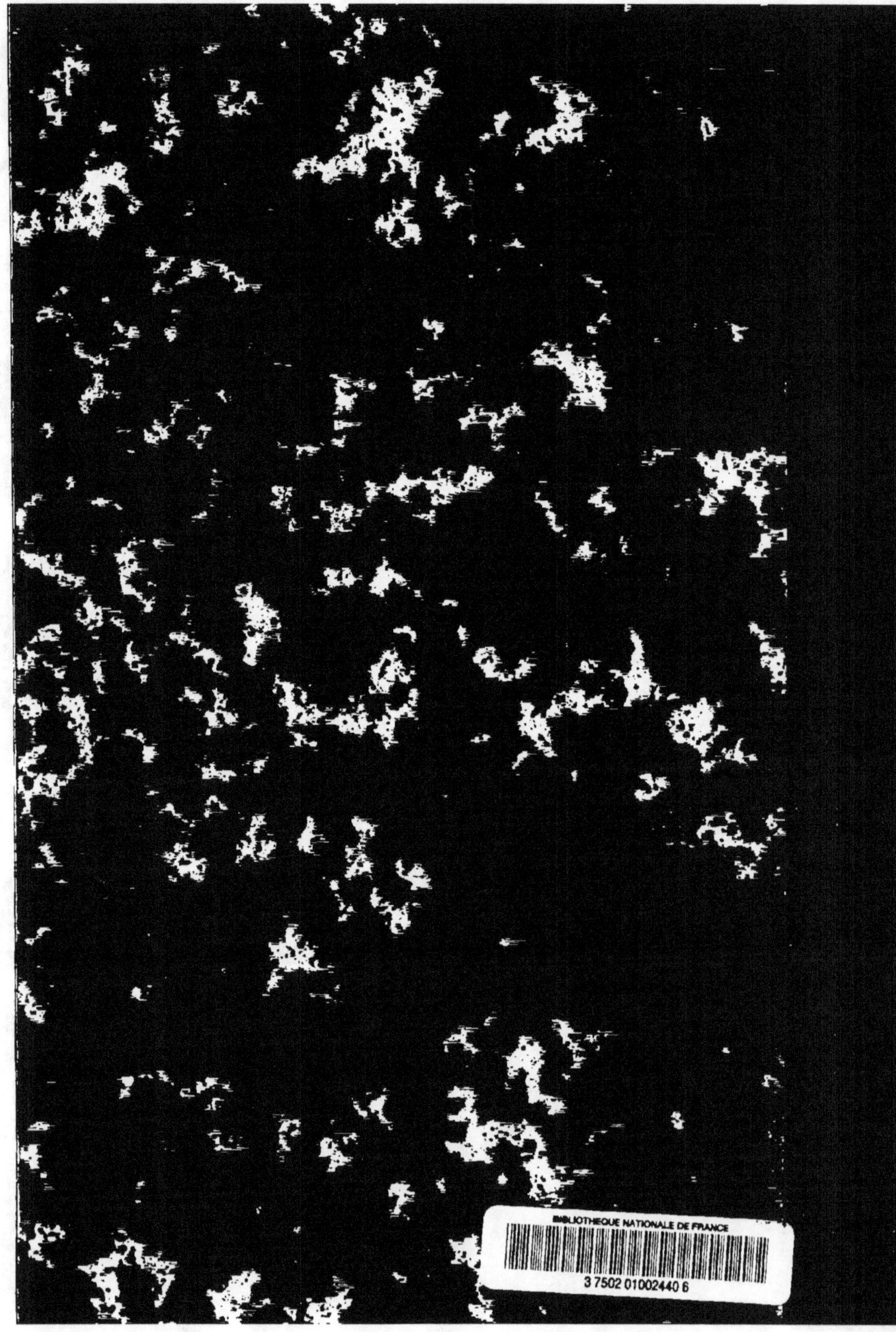